This Book Belongs To

Rhandi Wallace

I Hope You Know How Brave, Important and Wonderful
You Always Are, Even If You Don't Feel Like It

My Favourite Quotes

At the start or end of each day, write three things you feel grateful for

Monday
1. _____
2. _____
3. _____

Tuesday
1. _____
2. _____
3. _____

Wednesday
1. _____
2. _____
3. _____

Thursday
1. _____
2. _____
3. _____

Friday
1. _____
2. _____
3. _____

Saturday
1. _____
2. _____
3. _____

Sunday
1. _____
2. _____
3. _____

Notes
_____
_____
_____

I'm most grateful for:

Live With

NO Regrets

My Favourite Quotes

_____
_____
_____
_____
_____
_____
_____
_____
_____
_____
_____
_____
_____
_____
_____
_____
_____
_____
_____
_____
_____
_____

At the start or end of each day, write three things you feel grateful for

Monday

1. _____
2. _____
3. _____

Tuesday

1. _____
2. _____
3. _____

Wednesday

1. _____
2. _____
3. _____

Thursday

1. _____
2. _____
3. _____

Friday

1. _____
2. _____
3. _____

Saturday

1. _____
2. _____
3. _____

Sunday

1. _____
2. _____
3. _____

Notes

_____
_____
_____
_____

I'm most grateful for:

You only Fail When You

Stop Trying

My Favourite Quotes

_____

_____

_____

_____

_____

_____

_____

_____

_____

_____

_____

_____

_____

_____

_____

_____

_____

_____

_____

_____

_____

At the start or end of each day, write three things you feel grateful for

Monday

1. _____
2. _____
3. _____

Tuesday

1. _____
2. _____
3. _____

Wednesday

1. _____
2. _____
3. _____

Thursday

1. _____
2. _____
3. _____

Friday

1. _____
2. _____
3. _____

Saturday

1. _____
2. _____
3. _____

Sunday

1. _____
2. _____
3. _____

Notes

_____
_____
_____

I'm most grateful for:

You Are Not Too Old, And

It Is Not Too Late

My Favourite Quotes

_____

_____

_____

_____

_____

_____

_____

_____

_____

_____

_____

_____

_____

_____

_____

_____

_____

_____

_____

_____

_____

_____

At the start or end of each day, write three things you feel grateful for

Monday

1. _____
2. _____
3. _____

Tuesday

1. _____
2. _____
3. _____

Wednesday

1. _____
2. _____
3. _____

Thursday

1. _____
2. _____
3. _____

Friday

1. _____
2. _____
3. _____

Saturday

1. _____
2. _____
3. _____

Sunday

1. _____
2. _____
3. _____

Notes

_____
_____
_____

I'm most grateful for:

Turn I Wish

Into I Will

My Favourite Quotes

_____

_____

_____

_____

_____

_____

_____

_____

_____

_____

_____

_____

_____

_____

_____

_____

_____

_____

_____

_____

_____

_____

_____

At the start or end of each day, write three things you feel grateful for

Monday

1. _____
2. _____
3. _____

Tuesday

1. _____
2. _____
3. _____

Wednesday

1. _____
2. _____
3. _____

Thursday

1. _____
2. _____
3. _____

Friday

1. _____
2. _____
3. _____

Saturday

1. _____
2. _____
3. _____

Sunday

1. _____
2. _____
3. _____

Notes

_____

_____

_____

I'm most grateful for:

Say YES To

New Adventures

My Favourite Quotes

_____
_____
_____
_____
_____
_____
_____
_____
_____
_____
_____
_____
_____
_____
_____
_____
_____
_____
_____
_____

At the start or end of each day, write three things you feel grateful for

Monday

1. _____
2. _____
3. _____

Tuesday

1. _____
2. _____
3. _____

Wednesday

1. _____
2. _____
3. _____

Thursday

1. _____
2. _____
3. _____

Friday

1. _____
2. _____
3. _____

Saturday

1. _____
2. _____
3. _____

Sunday

1. _____
2. _____
3. _____

Notes

_____
_____
_____

I'm most grateful for:

Prove Them

Wrong

My Favourite Quotes

_____

_____

_____

_____

_____

_____

_____

_____

_____

_____

_____

_____

_____

_____

_____

_____

_____

_____

_____

_____

_____

_____

_____

At the start or end of each day, write three things you feel grateful for

Monday

1. _____
2. _____
3. _____

Tuesday

1. _____
2. _____
3. _____

Wednesday

1. _____
2. _____
3. _____

Thursday

1. _____
2. _____
3. _____

Friday

1. _____
2. _____
3. _____

Saturday

1. _____
2. _____
3. _____

Sunday

1. _____
2. _____
3. _____

Notes

_____
_____
_____
_____

I'm most grateful for:

Never Give Up On Things

That Make You Smile

My Favourite Quotes

At the start or end of each day, write three things you feel grateful for

Monday

1. _____
2. _____
3. _____

Tuesday

1. _____
2. _____
3. _____

Wednesday

1. _____
2. _____
3. _____

Thursday

1. _____
2. _____
3. _____

Friday

1. _____
2. _____
3. _____

Saturday

1. _____
2. _____
3. _____

Sunday

1. _____
2. _____
3. _____

Notes

_____
_____
_____

I'm most grateful for:

Never Give Up On Things

That Make You Smile

My Favourite Quotes

At the start or end of each day, write three things you feel grateful for

Monday

1. _____
2. _____
3. _____

Tuesday

1. _____
2. _____
3. _____

Wednesday

1. _____
2. _____
3. _____

Thursday

1. _____
2. _____
3. _____

Friday

1. _____
2. _____
3. _____

Saturday

1. _____
2. _____
3. _____

Sunday

1. _____
2. _____
3. _____

Notes

_____

_____

_____

I'm most grateful for:

One Day or Day ONE

You Decide

My Favourite Quotes

_____

_____

_____

_____

_____

_____

_____

_____

_____

_____

_____

_____

_____

_____

_____

_____

_____

_____

_____

_____

_____

_____

At the start or end of each day, write three things you feel grateful for

Monday

1. _____
2. _____
3. _____

Tuesday

1. _____
2. _____
3. _____

Wednesday

1. _____
2. _____
3. _____

Thursday

1. _____
2. _____
3. _____

Friday

1. _____
2. _____
3. _____

Saturday

1. _____
2. _____
3. _____

Sunday

1. _____
2. _____
3. _____

Notes

_____
_____
_____
_____

I'm most grateful for:

Make Today Ridiculously

Amazing

My Favourite Quotes

At the start or end of each day, write three things you feel grateful for

Monday

1. _____
2. _____
3. _____

Tuesday

1. _____
2. _____
3. _____

Wednesday

1. _____
2. _____
3. _____

Thursday

1. _____
2. _____
3. _____

Friday

1. _____
2. _____
3. _____

Saturday

1. _____
2. _____
3. _____

Sunday

1. _____
2. _____
3. _____

Notes

_____
_____
_____

I'm most grateful for:

Mistakes Are Proof That

You're Trying

My Favourite Quotes

At the start or end of each day, write three things you feel grateful for

Monday

1. _____
2. _____
3. _____

Tuesday

1. _____
2. _____
3. _____

Wednesday

1. _____
2. _____
3. _____

Thursday

1. _____
2. _____
3. _____

Friday

1. _____
2. _____
3. _____

Saturday

1. _____
2. _____
3. _____

Sunday

1. _____
2. _____
3. _____

Notes

_____
_____
_____

I'm most grateful for:

Inhale The Future

Exhale The Past

My Favourite Quotes

At the start or end of each day, write three things you feel grateful for

Monday

1. _____
2. _____
3. _____

Tuesday

1. _____
2. _____
3. _____

Wednesday

1. _____
2. _____
3. _____

Thursday

1. _____
2. _____
3. _____

Friday

1. _____
2. _____
3. _____

Saturday

1. _____
2. _____
3. _____

Sunday

1. _____
2. _____
3. _____

Notes

_____
_____
_____

I'm most grateful for:

I Am Working:

On Myself; For Myself; By Myself

My Favourite Quotes

_____

_____

_____

_____

_____

_____

_____

_____

_____

_____

_____

_____

_____

_____

_____

_____

_____

_____

_____

_____

_____

_____

At the start or end of each day, write
three things you feel grateful for

Monday

1. _____
2. _____
3. _____

Tuesday

1. _____
2. _____
3. _____

Wednesday

1. _____
2. _____
3. _____

Thursday

1. _____
2. _____
3. _____

Friday

1. _____
2. _____
3. _____

Saturday

1. _____
2. _____
3. _____

Sunday

1. _____
2. _____
3. _____

Notes

_____
_____
_____

I'm most grateful for:

Dreams Don't Work

Unless You Do

My Favourite Quotes

At the start or end of each day, write
three things you feel grateful for

Monday

1. _____
2. _____
3. _____

Tuesday

1. _____
2. _____
3. _____

Wednesday

1. _____
2. _____
3. _____

Thursday

1. _____
2. _____
3. _____

Friday

1. _____
2. _____
3. _____

Saturday

1. _____
2. _____
3. _____

Sunday

1. _____
2. _____
3. _____

Notes

_____
_____
_____

I'm most grateful for:

I Am Doing This

For ME

My Favourite Quotes

_____

_____

_____

_____

_____

_____

_____

_____

_____

_____

_____

_____

_____

_____

_____

_____

_____

_____

_____

At the start or end of each day, write three things you feel grateful for

Monday

1. _____
2. _____
3. _____

Tuesday

1. _____
2. _____
3. _____

Wednesday

1. _____
2. _____
3. _____

Thursday

1. _____
2. _____
3. _____

Friday

1. _____
2. _____
3. _____

Saturday

1. _____
2. _____
3. _____

Sunday

1. _____
2. _____
3. _____

Notes

_____
_____
_____

I'm most grateful for:

Don't Call It A Dream,

Call It A Plan

My Favourite Quotes

_____
_____
_____
_____
_____
_____
_____
_____
_____
_____
_____
_____
_____
_____
_____
_____
_____
_____
_____
_____
_____
_____

At the start or end of each day, write three things you feel grateful for

Monday
1. _____
2. _____
3. _____

Tuesday
1. _____
2. _____
3. _____

Wednesday
1. _____
2. _____
3. _____

Thursday
1. _____
2. _____
3. _____

Friday
1. _____
2. _____
3. _____

Saturday
1. _____
2. _____
3. _____

Sunday
1. _____
2. _____
3. _____

Notes
_____
_____
_____

I'm most grateful for:

Don't Be Afraid

To Dream BIG

My Favourite Quotes

At the start or end of each day, write three things you feel grateful for

Monday

1. _____
2. _____
3. _____

Tuesday

1. _____
2. _____
3. _____

Wednesday

1. _____
2. _____
3. _____

Thursday

1. _____
2. _____
3. _____

Friday

1. _____
2. _____
3. _____

Saturday

1. _____
2. _____
3. _____

Sunday

1. _____
2. _____
3. _____

Notes

_____

_____

_____

_____

I'm most grateful for:

Do ALL Things With

LOVE

My Favourite Quotes

At the start or end of each day, write
three things you feel grateful for

Monday

1. _____
2. _____
3. _____

Tuesday

1. _____
2. _____
3. _____

Wednesday

1. _____
2. _____
3. _____

Thursday

1. _____
2. _____
3. _____

Friday

1. _____
2. _____
3. _____

Saturday

1. _____
2. _____
3. _____

Sunday

1. _____
2. _____
3. _____

Notes

_____
_____
_____

I'm most grateful for:

Create The Life You Can't Wait To

Wake Up To

My Favourite Quotes

At the start or end of each day, write three things you feel grateful for

Monday

1. _____
2. _____
3. _____

Tuesday

1. _____
2. _____
3. _____

Wednesday

1. _____
2. _____
3. _____

Thursday

1. _____
2. _____
3. _____

Friday

1. _____
2. _____
3. _____

Saturday

1. _____
2. _____
3. _____

Sunday

1. _____
2. _____
3. _____

Notes

_____
_____
_____

I'm most grateful for:

Be Stronger Than

Your Excuses

My Favourite Quotes

At the start or end of each day, write three things you feel grateful for

Monday

1. _____
2. _____
3. _____

Tuesday

1. _____
2. _____
3. _____

Wednesday

1. _____
2. _____
3. _____

Thursday

1. _____
2. _____
3. _____

Friday

1. _____
2. _____
3. _____

Saturday

1. _____
2. _____
3. _____

Sunday

1. _____
2. _____
3. _____

Notes

_____
_____
_____

I'm most grateful for:

My Favourite Quotes

_____

_____

_____

_____

_____

_____

_____

_____

_____

_____

_____

_____

_____

_____

_____

_____

_____

_____

_____

_____

_____

At the start or end of each day, write three things you feel grateful for

Monday

1. _____
2. _____
3. _____

Tuesday

1. _____
2. _____
3. _____

Wednesday

1. _____
2. _____
3. _____

Thursday

1. _____
2. _____
3. _____

Friday

1. _____
2. _____
3. _____

Saturday

1. _____
2. _____
3. _____

Sunday

1. _____
2. _____
3. _____

Notes

_____
_____
_____

I'm most grateful for:

Aim Higher

Dream BIGGER

My Favourite Quotes

_____
_____
_____
_____
_____
_____
_____
_____
_____
_____
_____
_____
_____
_____
_____
_____
_____
_____
_____
_____
_____
_____

At the start or end of each day, write three things you feel grateful for

Monday

1. _____
2. _____
3. _____

Tuesday

1. _____
2. _____
3. _____

Wednesday

1. _____
2. _____
3. _____

Thursday

1. _____
2. _____
3. _____

Friday

1. _____
2. _____
3. _____

Saturday

1. _____
2. _____
3. _____

Sunday

1. _____
2. _____
3. _____

Notes

_____

_____

_____

I'm most grateful for:

Be Brave, Be Humble,

Be YOU

My Favourite Quotes

_____
_____
_____
_____
_____
_____
_____
_____
_____
_____
_____
_____
_____
_____
_____
_____
_____
_____
_____
_____
_____

At the start or end of each day, write three things you feel grateful for

Monday

1. _____
2. _____
3. _____

Tuesday

1. _____
2. _____
3. _____

Wednesday

1. _____
2. _____
3. _____

Thursday

1. _____
2. _____
3. _____

Friday

1. _____
2. _____
3. _____

Saturday

1. _____
2. _____
3. _____

Sunday

1. _____
2. _____
3. _____

Notes

_____
_____
_____

I'm most grateful for:

Be Brave, Be Humble,

Be YOU

My Favourite Quotes

At the start or end of each day, write three things you feel grateful for

Monday

1. _____
2. _____
3. _____

Tuesday

1. _____
2. _____
3. _____

Wednesday

1. _____
2. _____
3. _____

Thursday

1. _____
2. _____
3. _____

Friday

1. _____
2. _____
3. _____

Saturday

1. _____
2. _____
3. _____

Sunday

1. _____
2. _____
3. _____

Notes

_____
_____
_____

I'm most grateful for:

My Favourite Quotes

At the start or end of each day, write three things you feel grateful for

Monday

1. _____
2. _____
3. _____

Tuesday

1. _____
2. _____
3. _____

Wednesday

1. _____
2. _____
3. _____

Thursday

1. _____
2. _____
3. _____

Friday

1. _____
2. _____
3. _____

Saturday

1. _____
2. _____
3. _____

Sunday

1. _____
2. _____
3. _____

Notes

_____
_____
_____

I'm most grateful for:

My Favourite Quotes

At the start or end of each day, write three things you feel grateful for

Monday

1. _____
2. _____
3. _____

Tuesday

1. _____
2. _____
3. _____

Wednesday

1. _____
2. _____
3. _____

Thursday

1. _____
2. _____
3. _____

Friday

1. _____
2. _____
3. _____

Saturday

1. _____
2. _____
3. _____

Sunday

1. _____
2. _____
3. _____

Notes

_____
_____
_____

I'm most grateful for:

Do nothing, and everything is done.

~ Lao Zi;

My Favourite Quotes

At the start or end of each day, write three things you feel grateful for

Monday

1. _____
2. _____
3. _____

Tuesday

1. _____
2. _____
3. _____

Wednesday

1. _____
2. _____
3. _____

Thursday

1. _____
2. _____
3. _____

Friday

1. _____
2. _____
3. _____

Saturday

1. _____
2. _____
3. _____

Sunday

1. _____
2. _____
3. _____

Notes

_____
_____
_____

I'm most grateful for:

Admire Someone's Beauty Without Questioning Your Own

My Favourite Quotes

_____

_____

_____

_____

_____

_____

_____

_____

_____

_____

_____

_____

_____

_____

_____

_____

_____

_____

_____

_____

_____

_____

_____

At the start or end of each day, write three things you feel grateful for

Monday

1. _____
2. _____
3. _____

Tuesday

1. _____
2. _____
3. _____

Wednesday

1. _____
2. _____
3. _____

Thursday

1. _____
2. _____
3. _____

Friday

1. _____
2. _____
3. _____

Saturday

1. _____
2. _____
3. _____

Sunday

1. _____
2. _____
3. _____

Notes

_____
_____
_____

I'm most grateful for:

My Favourite Quotes

_____

_____

_____

_____

_____

_____

_____

_____

_____

_____

_____

_____

_____

_____

_____

_____

_____

_____

_____

_____

_____

_____

_____

At the start or end of each day, write three things you feel grateful for

Monday

1. _____
2. _____
3. _____

Tuesday

1. _____
2. _____
3. _____

Wednesday

1. _____
2. _____
3. _____

Thursday

1. _____
2. _____
3. _____

Friday

1. _____
2. _____
3. _____

Saturday

1. _____
2. _____
3. _____

Sunday

1. _____
2. _____
3. _____

Notes

_____
_____
_____

I'm most grateful for:

Don't Quit Your

Day Dream

My Favourite Quotes

At the start or end of each day, write three things you feel grateful for

Monday
1. _____
2. _____
3. _____

Tuesday
1. _____
2. _____
3. _____

Wednesday
1. _____
2. _____
3. _____

Thursday
1. _____
2. _____
3. _____

Friday
1. _____
2. _____
3. _____

Saturday
1. _____
2. _____
3. _____

Sunday
1. _____
2. _____
3. _____

Notes
_____
_____
_____

I'm most grateful for:

Don't wait For a Miracle,

Be A Miracle

My Favourite Quotes

At the start or end of each day, write three things you feel grateful for

Monday

1. _____
2. _____
3. _____

Tuesday

1. _____
2. _____
3. _____

Wednesday

1. _____
2. _____
3. _____

Thursday

1. _____
2. _____
3. _____

Friday

1. _____
2. _____
3. _____

Saturday

1. _____
2. _____
3. _____

Sunday

1. _____
2. _____
3. _____

Notes

_____
_____
_____

I'm most grateful for:

I Can And I Will

WATCH ME

My Favourite Quotes

_____
_____
_____
_____
_____
_____
_____
_____
_____
_____
_____
_____
_____
_____
_____
_____
_____
_____
_____
_____
_____
_____

At the start or end of each day, write three things you feel grateful for

Monday

1. _____

2. _____

3. _____

Tuesday

1. _____

2. _____

3. _____

Wednesday

1. _____

2. _____

3. _____

Thursday

1. _____

2. _____

3. _____

Friday

1. _____

2. _____

3. _____

Saturday

1. _____

2. _____

3. _____

Sunday

1. _____

2. _____

3. _____

Notes

_____

_____

_____

I'm most grateful for:

Find JOY In

The Journey

My Favourite Quotes

At the start or end of each day, write three things you feel grateful for

Monday

1. _____
2. _____
3. _____

Tuesday

1. _____
2. _____
3. _____

Wednesday

1. _____
2. _____
3. _____

Thursday

1. _____
2. _____
3. _____

Friday

1. _____
2. _____
3. _____

Saturday

1. _____
2. _____
3. _____

Sunday

1. _____
2. _____
3. _____

Notes

_____
_____
_____

I'm most grateful for:

Why Fit When

You Can Stand Out

My Favourite Quotes

_____

_____

_____

_____

_____

_____

_____

_____

_____

_____

_____

_____

_____

_____

_____

_____

_____

_____

_____

_____

_____

At the start or end of each day, write three things you feel grateful for

Monday

1. _____
2. _____
3. _____

Tuesday

1. _____
2. _____
3. _____

Wednesday

1. _____
2. _____
3. _____

Thursday

1. _____
2. _____
3. _____

Friday

1. _____
2. _____
3. _____

Saturday

1. _____
2. _____
3. _____

Sunday

1. _____
2. _____
3. _____

Notes

_____
_____
_____

I'm most grateful for:

In A World Where You Can Be Anything,

Be KIND

My Favourite Quotes

_____

_____

_____

_____

_____

_____

_____

_____

_____

_____

_____

_____

_____

_____

_____

_____

_____

_____

_____

_____

_____

At the start or end of each day, write three things you feel grateful for

Monday

1. _____
2. _____
3. _____

Tuesday

1. _____
2. _____
3. _____

Wednesday

1. _____
2. _____
3. _____

Thursday

1. _____
2. _____
3. _____

Friday

1. _____
2. _____
3. _____

Saturday

1. _____
2. _____
3. _____

Sunday

1. _____
2. _____
3. _____

Notes

_____
_____
_____

I'm most grateful for:

In A World Where You Can Be Anything,

Be KIND

My Favourite Quotes

At the start or end of each day, write three things you feel grateful for

Monday

1. _____
2. _____
3. _____

Tuesday

1. _____
2. _____
3. _____

Wednesday

1. _____
2. _____
3. _____

Thursday

1. _____
2. _____
3. _____

Friday

1. _____
2. _____
3. _____

Saturday

1. _____
2. _____
3. _____

Sunday

1. _____
2. _____
3. _____

Notes

_____
_____
_____
_____

I'm most grateful for:

Just Be Your

Own Beautiful Self

My Favourite Quotes

At the start or end of each day, write three things you feel grateful for

Monday

1. _____
2. _____
3. _____

Tuesday

1. _____
2. _____
3. _____

Wednesday

1. _____
2. _____
3. _____

Thursday

1. _____
2. _____
3. _____

Friday

1. _____
2. _____
3. _____

Saturday

1. _____
2. _____
3. _____

Sunday

1. _____
2. _____
3. _____

Notes

_____
_____
_____

I'm most grateful for:

Smile More

Worry Less

My Favourite Quotes

At the start or end of each day, write three things you feel grateful for

Monday

1. _____
2. _____
3. _____

Tuesday

1. _____
2. _____
3. _____

Wednesday

1. _____
2. _____
3. _____

Thursday

1. _____
2. _____
3. _____

Friday

1. _____
2. _____
3. _____

Saturday

1. _____
2. _____
3. _____

Sunday

1. _____
2. _____
3. _____

Notes

_____
_____
_____

I'm most grateful for:

She Needed A Hero,

So That's What She Became

My Favourite Quotes

At the start or end of each day, write three things you feel grateful for

Monday

1. _____
2. _____
3. _____

Tuesday

1. _____
2. _____
3. _____

Wednesday

1. _____
2. _____
3. _____

Thursday

1. _____
2. _____
3. _____

Friday

1. _____
2. _____
3. _____

Saturday

1. _____
2. _____
3. _____

Sunday

1. _____
2. _____
3. _____

Notes

_____
_____
_____

I'm most grateful for:

She Needed A Hero,

So That's What She Became

My Favourite Quotes

_____

_____

_____

_____

_____

_____

_____

_____

_____

_____

_____

_____

_____

_____

_____

_____

_____

_____

_____

_____

_____

At the start or end of each day, write three things you feel grateful for

Monday

1. _____
2. _____
3. _____

Tuesday

1. _____
2. _____
3. _____

Wednesday

1. _____
2. _____
3. _____

Thursday

1. _____
2. _____
3. _____

Friday

1. _____
2. _____
3. _____

Saturday

1. _____
2. _____
3. _____

Sunday

1. _____
2. _____
3. _____

Notes

_____
_____
_____

I'm most grateful for:

Think Outside

The Box

My Favourite Quotes

_____

_____

_____

_____

_____

_____

_____

_____

_____

_____

_____

_____

_____

_____

_____

_____

_____

_____

_____

_____

At the start or end of each day, write three things you feel grateful for

Monday

1. _____
2. _____
3. _____

Tuesday

1. _____
2. _____
3. _____

Wednesday

1. _____
2. _____
3. _____

Thursday

1. _____
2. _____
3. _____

Friday

1. _____
2. _____
3. _____

Saturday

1. _____
2. _____
3. _____

Sunday

1. _____
2. _____
3. _____

Notes

_____
_____
_____

I'm most grateful for:

You Was Given This Life Because You Are Strong Enough To Live it

My Favourite Quotes

At the start or end of each day, write three things you feel grateful for

Monday

1. _____
2. _____
3. _____

Tuesday

1. _____
2. _____
3. _____

Wednesday

1. _____
2. _____
3. _____

Thursday

1. _____
2. _____
3. _____

Friday

1. _____
2. _____
3. _____

Saturday

1. _____
2. _____
3. _____

Sunday

1. _____
2. _____
3. _____

Notes

_____
_____
_____

I'm most grateful for:

Your Only Limit Is

YOU

My Favourite Quotes

_____

_____

_____

_____

_____

_____

_____

_____

_____

_____

_____

_____

_____

_____

_____

_____

_____

_____

_____

_____

_____

_____

At the start or end of each day, write three things you feel grateful for

Monday

1. _____
2. _____
3. _____

Tuesday

1. _____
2. _____
3. _____

Wednesday

1. _____
2. _____
3. _____

Thursday

1. _____
2. _____
3. _____

Friday

1. _____
2. _____
3. _____

Saturday

1. _____
2. _____
3. _____

Sunday

1. _____
2. _____
3. _____

Notes

_____
_____
_____

I'm most grateful for:

My Favourite Quotes

At the start or end of each day, write three things you feel grateful for

Monday

1. _____
2. _____
3. _____

Tuesday

1. _____
2. _____
3. _____

Wednesday

1. _____
2. _____
3. _____

Thursday

1. _____
2. _____
3. _____

Friday

1. _____
2. _____
3. _____

Saturday

1. _____
2. _____
3. _____

Sunday

1. _____
2. _____
3. _____

Notes

_____
_____
_____

I'm most grateful for:

Just Be Your

OWN Unique Beautiful Self

My Favourite Quotes

_____

_____

_____

_____

_____

_____

_____

_____

_____

_____

_____

_____

_____

_____

_____

_____

_____

_____

_____

_____

_____

_____

_____

At the start or end of each day, write three things you feel grateful for

Monday

1. _____

2. _____

3. _____

Tuesday

1. _____

2. _____

3. _____

Wednesday

1. _____

2. _____

3. _____

Thursday

1. _____

2. _____

3. _____

Friday

1. _____

2. _____

3. _____

Saturday

1. _____

2. _____

3. _____

Sunday

1. _____

2. _____

3. _____

Notes

_____

_____

_____

I'm most grateful for:

My Favourite Quotes

At the start or end of each day, write three things you feel grateful for

Monday

1. _____
2. _____
3. _____

Tuesday

1. _____
2. _____
3. _____

Wednesday

1. _____
2. _____
3. _____

Thursday

1. _____
2. _____
3. _____

Friday

1. _____
2. _____
3. _____

Saturday

1. _____
2. _____
3. _____

Sunday

1. _____
2. _____
3. _____

Notes

_____
_____
_____

I'm most grateful for:

Start Each Day With

A Grateful Heart

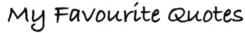

My Favourite Quotes

At the start or end of each day, write three things you feel grateful for

Monday

1. _____
2. _____
3. _____

Tuesday

1. _____
2. _____
3. _____

Wednesday

1. _____
2. _____
3. _____

Thursday

1. _____
2. _____
3. _____

Friday

1. _____
2. _____
3. _____

Saturday

1. _____
2. _____
3. _____

Sunday

1. _____
2. _____
3. _____

Notes

_____
_____
_____

I'm most grateful for:

Don't Be Afraid Not To Fail,

Be Afraid Not To Try

My Favourite Quotes

At the start or end of each day, write three things you feel grateful for

Monday

1. _____
2. _____
3. _____

Tuesday

1. _____
2. _____
3. _____

Wednesday

1. _____
2. _____
3. _____

Thursday

1. _____
2. _____
3. _____

Friday

1. _____
2. _____
3. _____

Saturday

1. _____
2. _____
3. _____

Sunday

1. _____
2. _____
3. _____

Notes

_____

_____

_____

I'm most grateful for:

My Favourite Quotes

At the start or end of each day, write three things you feel grateful for

Monday

1. _____
2. _____
3. _____

Tuesday

1. _____
2. _____
3. _____

Wednesday

1. _____
2. _____
3. _____

Thursday

1. _____
2. _____
3. _____

Friday

1. _____
2. _____
3. _____

Saturday

1. _____
2. _____
3. _____

Sunday

1. _____
2. _____
3. _____

Notes

_____
_____
_____

I'm most grateful for:

Just Go.

Go See All The Beauty In The World

My Favourite Quotes

At the start or end of each day, write three things you feel grateful for

Monday

1. _____
2. _____
3. _____

Tuesday

1. _____
2. _____
3. _____

Wednesday

1. _____
2. _____
3. _____

Thursday

1. _____
2. _____
3. _____

Friday

1. _____
2. _____
3. _____

Saturday

1. _____
2. _____
3. _____

Sunday

1. _____
2. _____
3. _____

Notes

_____
_____
_____

I'm most grateful for:

I can
fly

CPSIA information can be obtained
at www.ICGtesting.com
Printed in the USA
FSHW020327171219
65173FS